Min tvåspråkiga bilderbok

Моя двуязычная книжка с картинками

Sefas vackraste barnsagor i en volym

Ulrich Renz • Barbara Brinkmann:

Sov gott, lilla vargen · Приятных снов, маленький волчонок

För barn från 2 år

Cornelia Haas • Ulrich Renz:

Min allra vackraste dröm · Мой самый прекрасный сон

För barn från 2 år

Ulrich Renz • Marc Robitzky:

De vilda svanarna · Дикие лебеди

Efter en saga av Hans Christian Andersen

För barn från 5 år

© 2024 by Sefa Verlag Kirsten Bödeker, Lübeck, Germany. www.sefa-verlag.de

Special thanks to Paul Bödeker, Freiburg, Germany

All rights reserved.

ISBN: 9783756305445

Läsa · Lyssna · Förstå

Sov gott, lilla vargen

Приятных снов, маленький волчонок

Ulrich Renz / Barbara Brinkmann

svenska — tvåspråkig — ryska

Översättning:

Katrin Bienzle Arruda (svenska)

Svetlana Hordiyenko (ryska)

Ljudbok och video:

www.sefa-bilingual.com/bonus

Fri tillgång med lösenordet:

svenska: **LWSV2831**

ryska: **LWRU2730**

God natt, Tim! Vi fortsätter att leta imorgon.
Sov nu så gott!

Спокойной ночи, Тим! Мы поищем завтра.
А сейчас приятных снов!

Det är redan mörkt ute.

На улице уже темно.

Vad gör Tim där?

Что Тим там делает?

Han går ut till lekplatsen.

Vad är det han letar efter?

Он идёт на улицу к игровой площадке.

Что он там ищет?

Den lilla vargen!

Han kan inte sova utan den.

Маленького волчонка!

Без него он не может уснуть.

Vem är det nu som kommer?

Кто там идёт?

Marie! Hon letar efter sin boll.

Мария! Она ищет свой мяч.

Och vad letar Tobi efter?

А что ищет Тоби?

Sin grävmaskin.

Свой экскаватор.

Och vad letar Nala efter?

А что ищет Нала?

Sin docka.

Свою куклу.

Måste inte barnen gå och lägga sig?
Undrar katten.

Не порá ли детям в постель?
Очень удивилась кошка.

Vem kommer nu?

А кто это идёт?

Tims mamma och pappa!
Utan deras Tim kan de inte sova.

Мама и папа Тима!
Без Тима они не могут уснуть.

Och nu kommer ännu fler! Maries pappa.
Tobis morfar. Nalas mamma.

Вот ещё подходят! Папа Марии.
Дедушка Тоби. И мама Налы.

Nu skyndar vi oss i säng!

А сейчас быстро в постель!

God natt, Tim!

Imorgon behöver vi inte leta mer!

Спокойной ночи, Тим!

Утром нам не надо ничего искать.

Sov gott, lilla vargen!

Приятных снов, маленький волчонок!

Cornelia Haas • Ulrich Renz

Min allra vackraste dröm
Мой самый прекрасный сон

Översättning:

Narona Thordsen (svenska)

Oleg Deev, Valeria Baden (ryska)

Ljudbok och video:

www.sefa-bilingual.com/bonus

Fri tillgång med lösenordet:

svenska: **BDSV2831**

ryska: **BDRU2730**

Lulu kan inte somna. Alla andra drömmer redan – hajen, elefanten, den lilla musen, draken, kängurun, riddaren, apan, piloten. Och lejonungen. Även björnen kan nästan inte hålla ögonen öppna ... Du björn, kan du ta med mig in i din dröm?

Лулу не спится. Все остальные уже видят сны – акула, слон, маленькая мышка, дракон, кенгуру, рыцарь, обезьяна, пилот. И львёнок. Даже у медвежонка закрываются глаза ...

Эй, Мишка, возьмёшь меня в свой сон?

Och med det så finner sig Lulu i björnarnas drömland. Björnen fångar fisk i Tagayumisjön. Och Lulu undrar, vem skulle kunna bo där uppe i träden? När drömmen är slut vill Lulu uppleva ännu mer. Följ med, vi hälsar på hajen! Vad kan han drömma om?

И вот Лулу в стране сновидений медведя. Мишка ловит рыбу в озере Тагаюми. И Лулу спрашивает себя, кто бы мог жить сверху на деревьях?

Сон закончился, но Лулу хочет больше приключений. Давай навестим акулу! Что ей снится?

Hajen leker tafatt med fiskarna. Äntligen har han vänner! Ingen är rädd för hans spetsiga tänder.

När drömmen är slut vill Lulu uppleva ännu mer. Följ med, vi hälsar på elefanten! Vad kan han drömma om?

Акула играет в салки с рыбами. Наконец-то у неё есть друзья! Никто не боится её острых зубов.

Сон закончился, но Лулу хочет больше приключений. Давай навестим слона! Что ему снится?

Elefanten är lika lätt som en fjäder och kan flyga! Snart landar han på den himmelska ängen.

När drömmen är slut vill Lulu uppleva ännu mer. Följ med, vi hälsar på den lilla musen! Vad kan hon drömma om?

Слон – лёгкий, как пёрышко, и может летать! Вот он приземляется на небесную лужайку.

Сон закончился, но Лулу хочет больше приключений. Давай навестим маленькую мышку! Что ей снится?

Den lilla musen är på ett tivoli. Mest gillar hon berg- och dalbanan. När drömmen är slut vill Lulu uppleva ännu mer. Följ med, vi hälsar på draken. Vad kan hon drömma om?

Маленькая мышка наблюдает за ярмаркой. Больше всего ей нравятся американские горки.

Сон закончился, но Лулу хочет больше приключений. Давай навестим дракона! Что ему снится?

Draken är törstig av att ha sprutat eld. Hon skulle vilja dricka upp hela sockerdrickasjön.

När drömmen är slut vill Lulu uppleva ännu mer. Följ med, vi hälsar på kängurun! Vad kan hon drömma om?

Дракон долго плевался огнём, и теперь очень хочет пить. Он готов выпить целое озеро лимонада.

Сон закончился, но Лулу хочет больше приключений. Давай навестим кенгуру! Что ему снится?

Kängurun hoppar genom godisfabriken och stoppar sin pung full. Ännu fler av de blåa karamellerna! Och ännu fler klubbor! Och choklad!
När drömmen är slut vill Lulu uppleva ännu mer. Följ med, vi hälsar på riddaren. Vad kan han drömma om?

Кенгуру прыгает по кондитерской фабрике и набивает себе полную сумку. Ещё больше синих сладостей! И ещё леденцов! И шоколада! Сон закончился, но Лулу хочет больше приключений. Давай навестим рыцаря! Что ему снится?

Riddaren har tårtkrig med sin drömprinsessa. Oj! Gräddtårtan missar! När drömmen är slut vill Lulu uppleva ännu mer. Följ med, vi hälsar på apan! Vad kan han drömma om?

Рыцарь устраивает метание торта друг в друга с принцессой своей мечты. Ой! Сливочный торт пролетает мимо!

Сон закончился, но Лулу хочет больше приключений. Давай навестим обезьяну! Что ей снится?

Äntligen har det snöat i aplandet! Hela apgänget är helt uppspelta och gör rackartyg.

När drömmen är slut vill Lulu uppleva ännu mer. Följ med, vi hälsar på piloten! I vilken dröm kan han ha landat i?

Наконец-то в стране обезьян пошёл снег! Вся обезьянья орава была вне себя и устроила балаган.

Сон закончился, но Лулу хочет больше приключений. Давай навестим пилота! В каком сне он находится?

Piloten flyger och flyger. Ända till världens ände och ännu längre, ända till stjärnorna. Ingen pilot har någonsin klarat av detta tidigare.

När drömmen är slut så är alla väldigt trötta och känner inte för att uppleva mycket mer. Men lejonungen vill de fortfarande hälsa på. Vad kan hon drömma om?

Пилот летит и летит. До края земли и ещё дальше к звёздам. Это не удавалось ни одному другому пилоту.

Когда сон закончился, все уже очень устали и больше не хотят ничего.

Но львёнка захотели они всё же навестить. Что ему снится?

Lejonungen har hemlängtan och vill tillbaka till sin varma mysiga säng. Och de andra med.

Och där börjar ...

Львёнок тоскует по дому и хочет обратно в свою тёплую и уютную постель.
И остальные тоже.

И тогда начинается ...

... Lulus
allra vackraste dröm.

... самый прекрасный сон
Лулу.

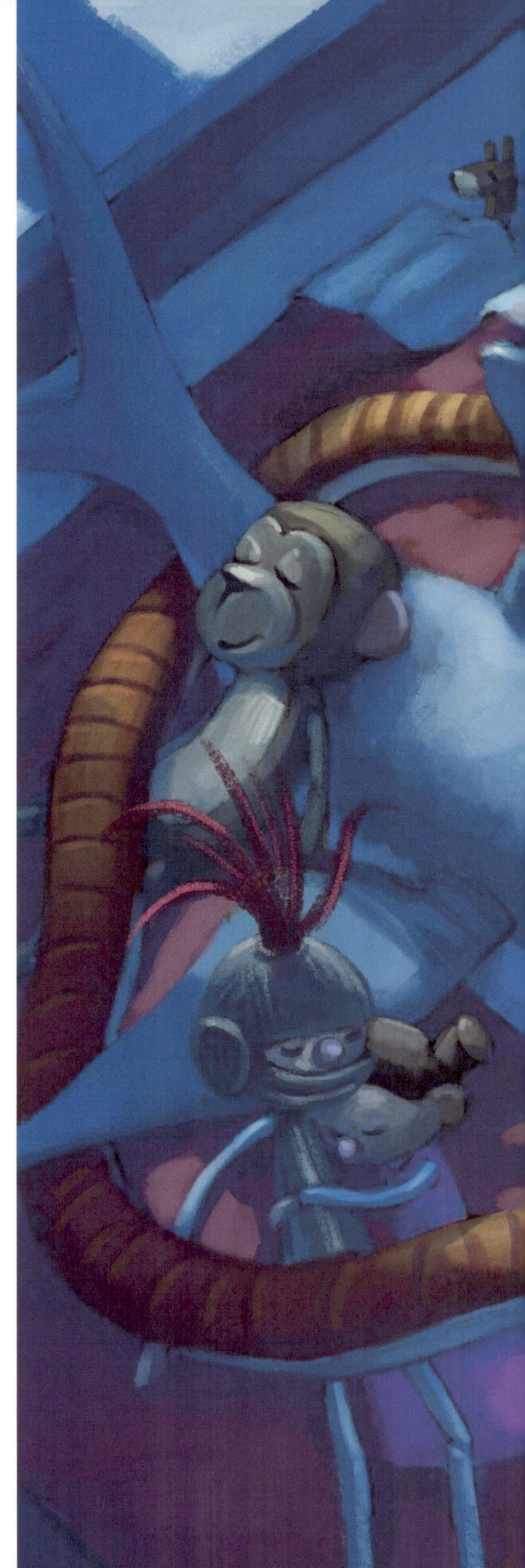

Ulrich Renz • Marc Robitzky

De vilda svanarna

Дикие лебеди

Översättning:

Narona Thordsen (svenska)

Oleg Deev (ryska)

Ljudbok och video:

www.sefa-bilingual.com/bonus

Fri tillgång med lösenordet:

svenska: **WSSV2831**

ryska: **WSRU2730**

Ulrich Renz · Marc Robitzky

De vilda svanarna
Дикие лебеди

Efter en saga av

Hans Christian Andersen

svenska — tvåspråkig — ryska

Det var en gång tolv kungabarn—elva bröder och en storasyster, Elisa. De levde lyckliga i ett underbart vackert slott.

Жили-были двенадцать детей короля: одиннадцать братьев и старшая сестра, Элиза. Они жили счастливо в прекрасном замке.

En dag dog modern, och efter en tid gifte sig kungen på nytt. Men den nya kvinnan var en elak häxa. Hon förtrollade de elva prinsarna så att de blev svanar och skickade dem långt bort till ett fjärran land bakom den stora skogen.

Однажды их мать умерла, и через некоторое время король женился снова. Но новая жена была злой ведьмой. Она заколдовала одиннадцать принцев в лебедей и отправила их в далекую страну, за широкие леса.

Flickan klädde hon i trasor och smörjde in henne med en ful salva i ansiktet så att den egna fadern inte längre kände igen henne och jagade bort henne från slottet. Elisa sprang in i den mörka skogen.

А Элизу она одела в лохмотья и втёрла ей в лицо отвратительную мазь, так что даже собственный отец не узнал её и прогнал из замка. Элиза ушла в тёмный лес.

Nu var hon helt ensam och längtade efter hennes försvunna bröder med hela sitt hjärta. När det blev kväll bäddade hon en säng av mossa under träden.

Теперь она была совсем одинока, и всей душой тосковала по пропавшим братьям. Когда пришёл вечер, она приготовила себе постель из мха под деревьями.

Nästa morgon kom hon fram till en lugn sjö och blev förskräckt när hon däri såg sin spegelbild. Men efter att hon hade tvättat sig var hon det vackraste kungabarnet på jorden.

На следующее утро она подошла к тихому озеру. Увидев своё отражение, она ужаснулась. Но когда она искупалась, стала самой красивой принцессой на свете.

Efter många dagar nådde Elisa det stora havet. På vågorna gungade elva svanfjädrar.

Через много дней она пришла к большому морю. На волнах качались одиннадцать лебединых перьев.

När solen gick ner hördes ett sus i luften och elva vilda svanar landade på vattnet. Elisa kände genast igen sina förtrollade bröder. Men för att dom talade svanspråket kunde hon inte förstå dem.

Когда солнце садилось, в воздухе поднялся шум, и одиннадцать диких лебедей сели на воду. Элиза сразу узнала своих заколдованных братьев. Но так как они говорили на лебедином языке, Элиза не могла понять их.

På dagen flög svanarna bort, under natten kurade syskonen ihop sig i en grotta.

En natt hade Elisa en besynnerlig dröm: Hennes mor sade till henne hur hon kunde befria sina bröder. Av nässlor skulle hon sticka en skjorta för varje svan och dra den över den. Men tills dess får hon inte tala ett enda ord, annars måste hennes bröder dö.
Elisa började genast med arbetet. Trots att hennes händer sved som brända med eld stickade hon outtröttligt.

Днём лебеди улетали, а ночевали вместе с Элизой в пещере, прильнув друг к другу.

Однажды ночью Элиза увидела удивительный сон: их мать рассказала ей, как она может спасти братьев. Она должна для каждого лебедя связать рубашку из крапивы и накинуть её на него. Но до того она должна не говорить ни слова, иначе её братья умрут.
Элиза тут же принялась за работу. Хотя её руки горели, как обожженные, она вязала без устали.

En dag ljöd jakthorn i fjärran. En prins kom ridande med sitt följe och stod snart framför henne. När de såg in i varandras ögon blev de förälskade i varandra.

Однажды вдали послышались звуки охотничих рогов. Подскакали принц со свитой и остановились перед ней. Когда принц и Эльза посмотрели в глаза друг другу, то сразу влюбились.

Prinsen lyfte upp Elisa på sin häst och red med henne till sitt slott.

Принц поднял Элизу на своего коня и поскакал с ней в замок.

Den mäktige skattmästaren var allt annat än glad över ankomsten av den stumma vackra. Hans egen dotter skulle bli prinsens brud.

Могущественный казначей был совсем не обрадован появлением немой красавицы. Невестой принца должна была стать его собственная дочь.

Elisa hade inte glömt sina bröder. Varje kväll fortsatte hon att arbeta med skjortona. En natt gick hon ut till kyrkogården för att hämta färska nässlor. Samtidigt blev hon hemligt iakttagen av skattmästaren.

Элиза не забыла своих братьев. Каждый вечер она работала над рубашками. Однажды ночью она пошла на кладбище набрать крапивы. Казначей тайно наблюдал за ней.

Så snart som prinsen var på en jaktutflykt lät skattmästaren slänga Elisa i fängelsehålan. Han hävdade att hon var en häxa som mötte andra häxor på natten.

Пока принц был на охоте, казначей бросил Элизу в темницу. Он заявил, что она ведьма, которая ночами встречается с другими ведьмами.

I gryningen blev Elisa hämtad av vakterna. Hon skulle brännas på torget.

На рассвете стража схватила Элизу. Её должны были сжечь на рыночной площади.

De hade knappast kommit fram när plötsligt elva vita svanar kom flygande. Snabbt drog Elisa en nässelskjorta över var och en. Snart stod alla hennes bröder framför henne som människofigurer. Bara den yngsta, vars skjorta inte hade blivit helt färdig, behöll en vinge istället för en arm.

Едва она там оказалась, как вдруг прилетели одиннадцать белых лебедей. Элиза быстро набросила на каждого рубашку из крапивы, и все её братья предстали в человеческом обличье. Только у младшего, чья рубашка была не до конца готова, вместо одной руки было крыло.

Syskonens kramande och pussande hade inte tagit slut än när prinsen kom tillbaka. Äntligen kunde Elisa förklara alltihopa. Prinsen lät den elake skattmästaren slängas i fängelsehålan. Och sedan firade de bröllop i sju dagar.

Och så levde de lyckliga i alla sina dagar.

Братья и сестра ещё обнимались и целовались, когда вернулся принц. Наконец Элиза смогла всё объяснить. Принц бросил злого казначея в темницу. И потом семь дней праздновали свадьбу.

И жили они долго и счастливо.

Hans Christian Andersen

Hans Christian Andersen was born in the Danish city of Odense in 1805, and died in 1875 in Copenhagen. He gained world fame with his literary fairy-tales such as „The Little Mermaid", „The Emperor's New Clothes" and „The Ugly Duckling". The tale at hand, „The Wild Swans", was first published in 1838. It has been translated into more than one hundred languages and adapted for a wide range of media including theater, film and musical.

Barbara Brinkmann föddes i München (Tyskland) år 1969. Hon studerade arkitektur i München och arbetar för närvarande vid Institutionen för Arkitektur vid München tekniska universitet. Hon arbetar också som grafisk formgivare, illustratör och författare.

Cornelia Haas föddes 1972 nära Augsburg (Tyskland). Efter utbildningen som skylt- och ljusreklamtillverkare studerade hon design vid Münster yrkeshögskola och utexaminerades som diplom designer. Sedan 2001 illusterar hon barn- och ungdomsböcker, sedan 2013 undervisar hon i akryl- och digitalmålning vid Münster yrkeshögskola.

Marc Robitzky, born in 1973, studied at the Technical School of Art in Hamburg and the Academy of Visual Arts in Frankfurt. He works as a freelance illustrator and communication designer in Aschaffenburg (Germany).

Ulrich Renz föddes 1960 i Stuttgart (Tyskland). Efter att ha studerat fransk litteratur i Paris tog han läkarexamen i Lübeck och var chef för ett vetenskapligt förlag. Idag är Renz frilansförfattare, förutom faktaböcker skriver han barn- och ungdomsböcker.

Gillar du att måla?

Här kan du hitta bilderna från berättelsen för färgläggning:

www.sefa-bilingual.com/coloring

www.ingramcontent.com/pod-product-compliance
Lightning Source LLC
LaVergne TN
LVHW070445080526
838202LV00035B/2739